AF324777

A LA FAMILLE

DE

M. LE BARON WEYLER DE NAVAS,

ANCIEN OFFICIER SUPÉRIEUR DES GARDES-DU-CORPS DU ROI,

SOUS-INTENDANT MILITAIRE,

AYANT REMPLI LES FONCTIONS D'INTENDANT

PRÈS DES TROUPES QUI ONT ACCOMPAGNÉ S. M. CHARLES X

A CHERBOURG EN 1830.

NOTES RECUEILLIES PAR UN AMI.

(Extrait de différents ouvrages publiés de 1830 a 1836).

(Voir *Mémoires d'un Garde du Corps* des rois LOUIS XVIII
et CHARLES X, publiés par X. de MONTÉPIN.)

RELATION FIDÈLE

DU VOYAGE

DU ROI CHARLES X

DEPUIS SON DÉPART DE SAINT-CLOUD JUSQU'A SON EMBARQUEMENT

Par un Garde-du-Corps.

(Publié en 1830).

(PAGE 20.)

Au milieu de ce chaos, de cette impéritie, de cette espèce de stupeur qui absorbait toutes les facultés, parut un homme qui fut la providence de l'armée. Seul membre de l'intendance qui fût parmi nous, il se multiplia pour faire le bien; et si l'on eut quelques distributions de vivres, et plus tard la solde, on le dut à son zèle et à son dévouement. Plusieurs fois, en vingt jours, sa vie fut en péril; il la conserva par son courage et son sang-froid. Le Roi Charles le remercia avec attendrissement. Il conquit l'estime de MM. les Commissaires du Gouvernement, et il n'est pas un soldat ou un garde-du-corps qui ne bénisse le nom du Sous-Intendant militaire Weyler de Navas.

JOURNAL

DE SAINT-CLOUD A CHERBOURG;

PAR M. THÉODORE ANNE, EX-GARDE-DU-CORPS.

(Publié en 1830)

(PAGE 5.)

Ce même jour, vers midi, un honnête homme, un homme d'honneur, tenait au Roi un langage bien différent. Témoin des massacres de Paris, épouvanté de cette horrible boucherie, il court à Saint-Cloud, y parvient à travers mille obstacles, demande à parler au Roi, est introduit auprès de Sa Majesté par le Duc de Luxembourg, et lui expose le tableau vrai et animé de ce qui se passe dans la capitale. Le Roi, que les Ministres ont trompé jusqu'au dernier moment, le Roi ne put pas croire que ce récit fut fidèle. « Vous exagérez « le mal » dit-il à celui qui lui faisait entendre la vérité. — « J'exagère si peu, Sire, » reprit l'autre, « que si, dans trois heures, Votre Majesté n'a « pas traité, la couronne qu'elle porte ne sera « plus sur sa tête. » Cet avertissement ne produisit malheureusement aucun fruit; et si le fonctionnaire, en se retirant, dut s'applaudir d'avoir fait son devoir, il eut le regret de voir ses avis méprisés. Ce personnage est M. le Baron Weyler de Navas, Sous-Intendant de la Maison militaire.

(PAGE 20.)

M. le Baron Weyler de Navas, cependant, qui continuait à être le seul intendant militaire resté à son poste, se donnait un mal tel que nous craignions pour sa vie. Il se multipliait avec un dévouement dont l'armée tout entière garde la plus profonde reconnaissance.

(PAGES 38 ET 39.)

Nous fûmes rejoints au Mellerault par le Sous-Intendant militaire Baron Weyler de Navas, qui nous avait quitté à Rambouillet, non point par désertion, comme tous les ...... mais pour aller à Paris parler de notre dénuement, dont il avait été le témoin, et plaider en notre faveur auprès du pouvoir. Je dois dire hautement que les justes réclamations de cet homme d'honneur furent écoutées par Monseigneur le Duc d'Orléans et le Général Gérard avec une bienveillance marquée, et que tout ce qu'il demanda pour nous lui fut accordé. On loua notre conduite, qui ne pouvait en effet, obtenir qu'une approbation unanime, et M. le Baron Weyler de Navas revint au milieu de nous achever la tâche qu'il avait entreprise, et heureux d'avoir d'aussi bonnes nouvelles à nous apporter. Il a déployé dans ces tristes circonstances un caractère si honorable, que je ne doute pas que sa noble conduite n'ai fixé l'attention du Gouvernement. Si le Ministre, homme d'honneur lui-même, veut, comme je le crois fermement, n'employer que des hommes francs, probes et loyaux, c'est sur M. de Navas que son choix doit tomber d'abord.

MÉMOIRES, SOUVENIRS ET ANECDOTES

SUR L'INTÉRIEUR DU PALAIS DE CHARLES X.

(Publiés en 1831).

(PAGE 144.)

M. le Baron Weyler de Navas était chargé de l'administration des quatres compagnies des gardes-du-corps; nous le tenions pour un homme d'honneur bien avant les événements de juillet, mais cette grande époque lui a permis de déployer encore mieux son beau caractère. C'était une chose admirable de le voir se multiplier, pour ainsi dire, afin d'assurer la subsistance du corps d'armée groupé autour du Roi. Il fut notre providence dans ces jours de désastre, et, grâce à lui, nos privations furent moins fortes. Toutefois, au milieu de cette reconnaissance si justement méritée, une crainte s'élevait dans nos cœurs, c'était de le voir tomber victime de son dévouement et de sa sollicitude; mais les souffrances les plus aiguës ne pouvaient refroidir son zèle, il était partout où le devoir l'appelait. Plus tard, lorsqu'après être venu à

Paris plaider nos intérêts, il reparut au milieu de nous, ce fut encore pour régler notre position, assurer notre avenir ; aussi, tant qu'il existera un seul garde, M. Weyler de Navas peut être certain qu'il comptera dans le monde un ami et un obligé sincèrement reconnaissant. Le Ministre de la guerre aurait du déjà le faire intendant. Les gens d'honneur, dans les troubles politiques ne sont pas si nombreux qu'on ne doive s'empresser de les rechercher, de les accueillir, de les attacher à son pouvoir.

MÉMOIRES

POUR SERVIR A L'HISTOIRE DE LA RÉVOLUTION DE 1830.

Par M. ALEX. MAZAS

Secrétaire du dernier Président du Conseil des Ministres.

(Publiés en 1832).

(PAGE 296.)

M. Weyler de Navas, le seul du corps des Intendants qui accompagnât le Roi, accomplit ses devoirs jusqu'au bout. Il déploya un zèle prodigieux; il se rendit à Paris, et sut exposer si bien la situation des gardes, qu'il obtint du Maréchal Gérard une somme assez forte. Les peines et les soins infinis qu'il prit ne peuvent être appréciés que par les militaires qui ont été assez malheureux pour être mêlés à des commotions politiques.

REVUE RÉTROSPECTIVE

OU BIBLIOTHÈQUE HISTORIQUE

Contenant des mémoires et documents authentiques, inédits et originaux.

(2ᵉ Série ; 29 février 1836).

(PAGE 297.)

Je dois surtout reconnaître qu'une fois les denrées en magasin, tous les services de l'armée ont été dirigés d'une manière vraiment digne d'admiration, par M. Weyler de Navas.... Je ne pense pas qu'il soit possible de montrer plus d'intelligence et d'activité, plus de bienveillance et de fermeté, pour répondre à toutes les demandes, pour satisfaire à tous les besoins, pour ménager et concilier tous les intérêts. (*Extrait d'un document déposé aux Archives de la ville de Rambouillet, par J. S., ancien maire*).

Tours. — E. Mazereau, rue Richelieu, 13